Lizenzausgabe als Ravensburger Taschenbuch Band 8354

Titel der Originalausgabe: Des animaux en danger

Fachliche Beratung:

Dagmar Triebel

Diplombiologin

Übersetzt von Renate Navé
Herausgabe und Redaktion:
Barbara Veit und Christine Wolfrum

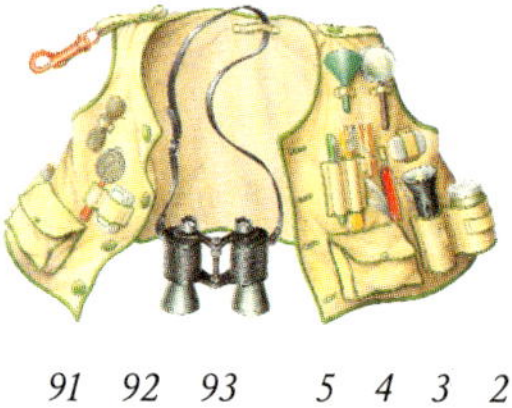

91 92 93 5 4 3 2

Printed in Italy by Soc. Editoriale Libraria

ISBN 3-473-38354-6

Tiere in Gefahr

Text von Diane Costa de Beauregard
Illustrationen von
Pierre de Hugo und Paul Bontemps

DIE WELT ENTDECKEN

Seit die Erde besteht, sind zahlreiche Tierarten entstanden, haben sich verändert und sind durch andere ersetzt worden. Diese Entwicklung, Evolution genannt, dauerte Millionen von Jahren. **Heute dagegen hat der Mensch allein in kürzester Zeit eine Reihe von Arten ausgerottet.** Sie wurden durch keine anderen ersetzt. Die übriggebliebenen Tiere müssen gerettet werden!

Ein Beispiel für einen ausgestorbenen Vogel ist die Dronte: Sie wurde von den Seeleuten, die auf der Insel Mauritius an Land gingen, erschlagen und gegessen und fiel auch den Ratten und Schweinen, die mit diesen Schiffen auf die Insel kamen, zum Opfer.

Wir kennen die Dronte nur noch von alten Zeichnungen und Skeletten.

Seit wann gibt es Krokodile?
Bereits seit vorgeschichtlicher Zeit.

Man hat Angst vor Krokodilen.
Doch nur die größten fallen Menschen an, die ihnen unvorsichtigerweise zu nahe kommen. Fischer töten Krokodile, weil sie glauben, daß sie ihnen Fische wegfressen.
Dabei leben sie vor allem von kranken und toten Fischen.

Der Komodowaran ist ein direkter Nachfahre prähistorischer Reptilien. Er wird zwar nicht gejagt, aber damit er überleben kann, müssen die Tiere geschützt werden, von denen er sich ernährt.

Die Krokodile werden auch wegen ihrer Haut getötet. Noch immer werden Luxusartikel wie Handtaschen und Gürtel daraus hergestellt. Obwohl Krokodile immer seltener werden und unter Tierschutz stehen, jagt man sie weiterhin. Der Ganges-Gavial, den du hier abgebildet siehst, ist eine der bedrohtesten Tierarten.

Die Meeresschildkröten halten die ins Meer geworfenen Plastiktüten für Quallen und ersticken bei dem Versuch, sie zu fressen. ▶

Ein Weg voller Fallen!

Die Eier der Meeresschildkröte werden von den Weibchen im Sand vergraben. Die Jungen laufen nach dem Schlüpfen sofort in Richtung Meer. Obwohl viele auf ihrem Weg von Vögeln gefressen werden, ist die Vermehrung gesichert.

Der Mensch hat sie jedoch zu lange gejagt. Er schätzte ihr zartes Fleisch, die Eier und den Panzer. Damit sie nicht ganz aussterben, hat man Aufzuchtfarmen für Schildkröten geschaffen.

Welches ist das größte Tier der Erde?
Der Blauwal. Er schwimmt viele Tausende von Kilometern und kommt in den arktischen und antarktischen Meeren vor.
Für den Menschen war dieses riesige Säugetier ein wertvoller Fleisch- und Fettlieferant.
Heute steht er fast überall unter Schutz, denn auch er ist vom Aussterben bedroht!

Auch wenn ein Muttertier gejagt wird, weicht es nicht von der Seite seines Jungen und versucht unter Einsatz des eigenen Lebens sein Walkind zu retten!

Schon seit über 1000 Jahren werden Wale gejagt! Früher war der Walfang für Seeleute sehr gefährlich. Heute wird er von riesigen Schiffen aus betrieben. Weil die Anzahl der Tiere stark zurückgegangen ist, unterliegt der Walfang strengen Gesetzen. Doch reichen sie immer noch nicht aus, diese Tierart wirklich zu schützen.

Seekühe sind sehr langsam und sehr schwer. So kann es passieren, daß sie in eine Schiffsschraube geraten und tödlich verletzt werden.

Warum gibt es immer weniger Robben, Seehunde, Walrosse und Fischotter?

Die Verschmutzung der Meere und Flüsse, künstliche Staudämme und unzählige Touristen verschlechtern zusehends die Lebensbedingungen der Säugetiere im Wasser. Um die Fischotter vor dem Aussterben zu retten, siedelt man sie in Teichen an, die man zu Naturreservaten erklärt. Die alten Bäume, die sie als Zuflucht besonders während der Aufzucht ihrer Jungen brauchen, dürfen dort nicht mehr gefällt werden.

Im Nördlichen Eismeer wurden Reservate zum Schutz der Robben errichtet.

In Märchen werden schaurige Geschichten über Bären und Wölfe erzählt!

Diese Tiere wurden von den Menschen seit jeher gejagt – aus Furcht und weil sie die Schafherden angriffen.

Obwohl der Wolf heftig verfolgt wurde, ist er noch nicht ganz ausgerottet. In den mitteleuropäischen Ländern gibt es ihn aber nicht mehr. Dort fehlen heute die geeigneten Lebensräume.

Die Braunbären haben sich von der Ebene in die Gebirge zurückgezogen. In den Pyrenäen gibt es noch ungefähr zwanzig. Sie überleben nur dort, wo sie genug Nahrung finden und auch ungestört bleiben. Eine große Gefahr sind deshalb die Autostraßen, die ihr Revier durchqueren.

Der Luchs wurde lange Zeit auch wegen seines wertvollen Felles gejagt. In Mitteleuropa ist er nahezu ausgestorben, doch in Nordamerika und Asien gibt es ihn noch.

Wenn Tiere aussterben, wird das Gleichgewicht der Natur gestört. **Der Luchs war sehr nützlich für unsere Wälder, da er Rehe jagte.** Zu viele Rehe richten Waldschäden an. In den Vogesen hatte man einige Luchse – mit einem Sender um den Hals – ausgesetzt. Schafzüchter, die Angst um ihre Herden hatten, brachten sie um. Auch im Nationalpark Bayerischer Wald wurden wieder Luchse ausgesetzt.

Der Sibirische Tiger ist in der Sowjetunion geschützt, nicht aber in China. Der Handel mit seinem schönen Fell ist gesetzlich verboten.

Wenn dieses Zebra und andere Pflanzenfresser kein Gras mehr fänden, würden sie verhungern.

Durch besonnene Jagd kann der Mensch das Gleichgewicht der Natur stützen.

Verwundete oder kranke Tiere werden in speziellen Tier-Krankenstationen aufgenommen und gepflegt.

Und dieser Gepard, der ein Fleischfresser ist, würde keine Beutetiere mehr finden und müßte ebenfalls sterben.

Riesige Reservate wurden weltweit zum Schutz wilder Tiere geschaffen.

Sobald sie gesund sind, werden sie wieder in die Natur entlassen.

Elefanten stehen unter Schutz. Trotzdem werden sie abgeschlachtet!

Wilderer dringen in die Schutzgebiete ein und erlegen sie wegen ihrer Elfenbeinzähne.
Eine Zeitlang wurde das „weiße Gold" durch Kunststoff ersetzt. Doch kam es zum Unglück der Elefanten wieder in Mode. Je weniger Elfenbein es auf dem Markt gibt, um so teurer ist es!
Die Wilderer töten auch Weibchen und Jungtiere. Deshalb nimmt diese Tierart besonders rasch ab. Hört das Abschlachten nicht auf, werden nur noch Elefanten, die ohne Zähne geboren wurden, überleben.
Vielleicht wird es in hundert Jahren wirklich nur Elefanten ohne Elfenbeinzähne geben…

Das Nashorn muß wegen seines Horns das Leben lassen, denn in Asien glaubt man an die magische und heilende Wirkung von Nashornpulver.

Das Überleben des Weißköpfigen Seeadlers, der Nationalsymbol der Vereinigten Staaten von Amerika ist, konnte vorläufig gesichert werden. Aber andere Raubvögel, wie der Kondor, sind dabei, auszusterben.

Die Bisons und Gabelantilopen lebten einst zu Tausenden in der weiten Prärie Nordamerikas. Ihr einziger Feind waren die Indianer, die sich von ihrem Fleisch ernährten. Als dann die weißen Siedler kamen, schossen sie „zum Spaß“ auf Bisons. Bald sah die Prärie wie ein Schlachtfeld aus. Buffallo Bill tötete in 18 Monaten 4 280 Bisons! Fast ist es ein Wunder, daß es heute noch Bisons in Nationalparks gibt.

Gabelantilopen

Für Getreidefelder und Rinderherden werden Wälder gerodet. Die dort lebenden Tiere verlieren plötzlich ihre Heimat.

Was ist mit den Berggorillas in den afrikanischen Tropenwäldern geschehen?

Es gibt nur noch wenige. Die Weibchen bekommen nur alle drei bis vier Jahre ein einziges Junges. Und darüber hinaus werden Gorillas auch noch für Tierversuche in der Medizin eingefangen!

Der Orang-Utan in den tropischen Urwäldern Indonesiens erleidet ein ähnliches Schicksal wie sein Verwandter, der Gorilla.

Dieser Lemure (maus- bis katzengroßer Halbaffe) wurde von Madagaskar auf eine kleine bewaldete Insel gebracht, wo er bessere Überlebenschancen hat.

Die Pandas sind die seltensten Bären der Welt!

Sie leben in China in Bambuswäldern, von deren Blättern sie sich ernähren. Sie fressen mindestens zwölf Kilogramm pro Tag!
Doch die Bambuswälder gehen stark zurück.
Um die Pandas vor dem Hungertod zu retten, betäuben die Chinesen sie und bringen sie in Bambusgehege. Manchmal werden sie sogar im Hubschrauber transportiert!

Die toten Schmetterlinge werden sortiert und dann verschickt.

Ein aus Schmetterlingsflügeln angefertigtes Bild.

Hier werden Schmetterlinge gezüchtet.

Ein begehrter Schmetterling aus den Urwäldern Amazoniens ist der Morpho.

Ihre Farbenpracht wird den Schmetterlingen zum Verhängnis!

Sie werden zu Millionen gefangen und an Händler und Sammler verkauft. Ihre gepreßten Flügel werden zu Bildern und Andenken für Touristen verarbeitet.

Immer wieder findet man Trappenvögel auf Flughäfen, wo sie Zuflucht suchen.

Warum siehst du auf den Feldern keine Trappen mehr?

Viele Feldfrüchte werden nicht mehr angebaut. Deshalb fehlen die Blätter und Körner, von denen sich dieser große Vogel ernährt.

Der Wachtelkönig lebt in Sümpfen voll wilder Kräuter. Die Sümpfe werden trockengelegt, und der Wachtelkönig wird immer seltener.

Wachtelkönig

Werden Tiere und Pflanzen heute wirklich ausreichend geschützt?

Aufzüge für Lachse.

Staudämme hindern die Lachse daran, flußaufwärts zu ihren Laichplätzen zu schwimmen. Deshalb hat man für sie Stufen und sogar Aufzüge gebaut.

Man müßte aber auch gegen die Verschmutzung der Flüsse, z. B. des Rheins, kämpfen. Dann könnten wir die Lachse eines Tages dort flußaufwärts schwimmen sehen, wie sie es in der Themse oder Loire tun.
Wir brauchen viele Ideen und auch Energie, um die Natur zu retten.

1. Die Fische kommen zur Staustufe
2. Aufzugstellung beim Hineinschwimmen
3. Aufzugstellung beim Herausschwimmen
4. Die Fische schwimmen weiter

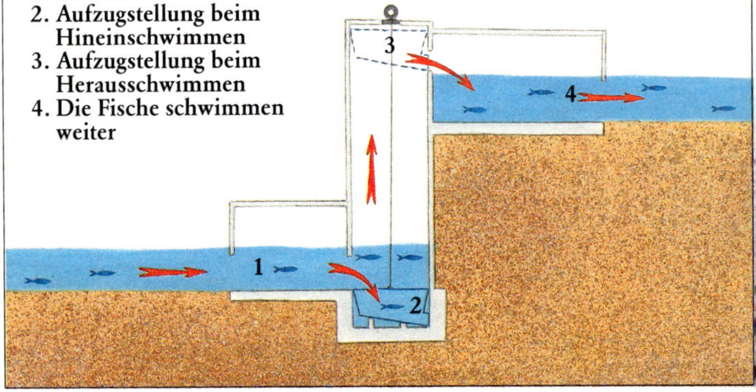

Um die Natur lieben und schützen zu können, mußt du sie beobachten. Zieh dir unauffällige Kleidung an und verstecke dich hinter einem Baum. Die Sonne mußt du im Rücken haben. Wenn die Tiere vom Sonnenlicht geblendet sind, sehen sie dich nicht.

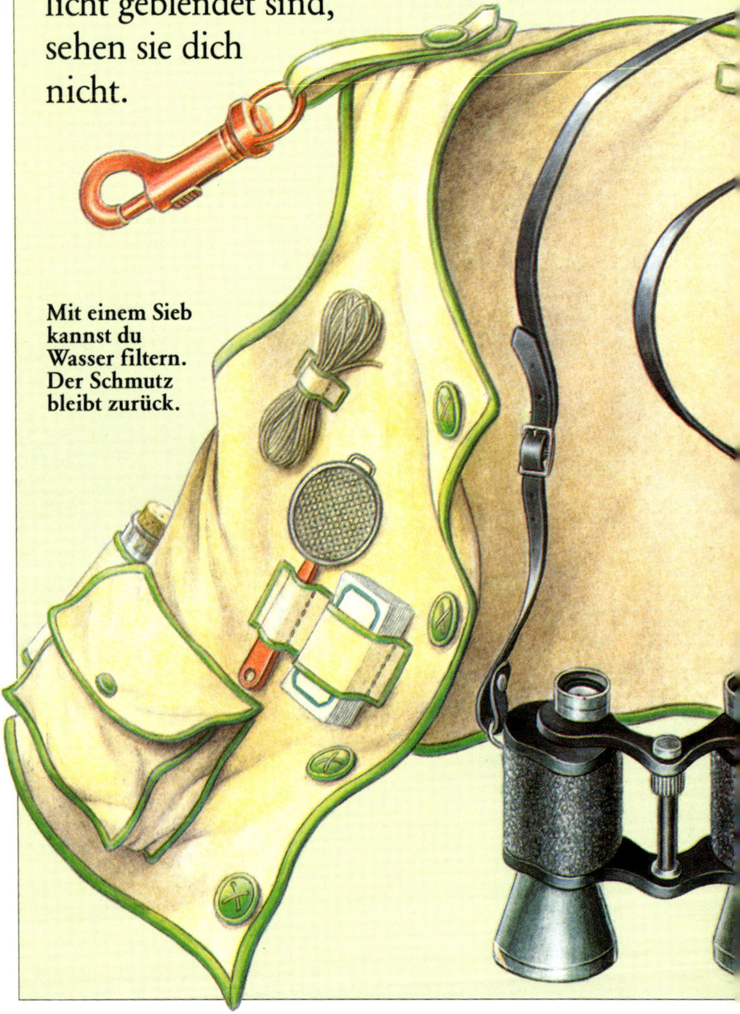

Mit einem Sieb kannst du Wasser filtern. Der Schmutz bleibt zurück.

Du mußt immer gegen die Windrichtung gehen, damit dich die Tiere weder hören noch wittern können. Wie wär's mit einer selbstangefertigten Wanderweste, in der du alle nötigen Gegenstände verstauen kannst?

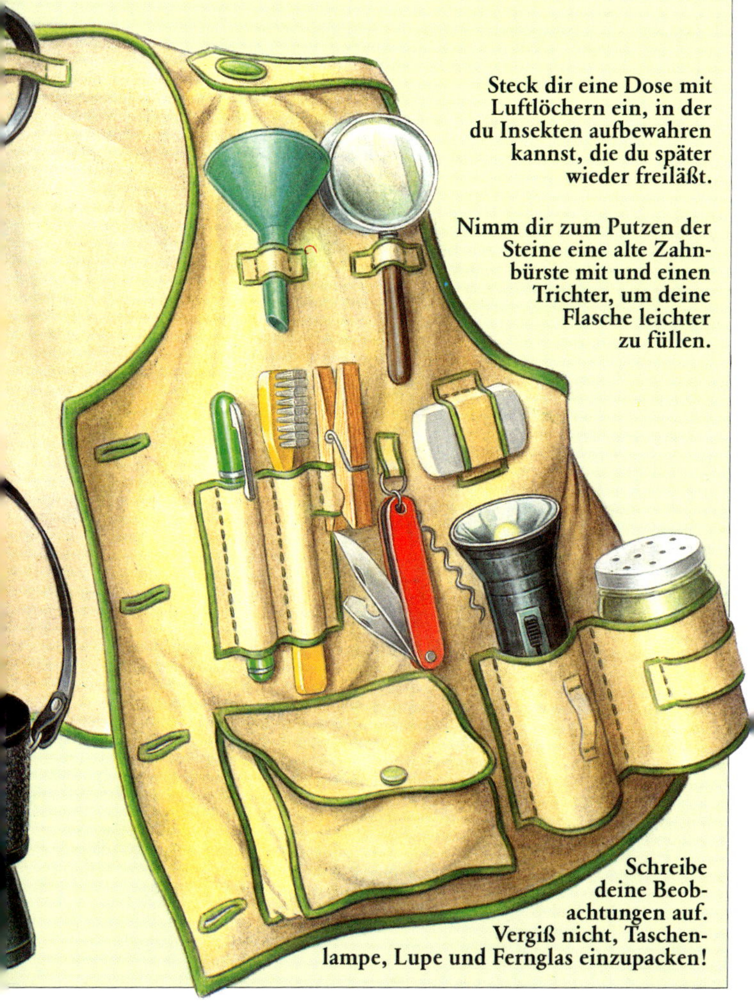

Steck dir eine Dose mit Luftlöchern ein, in der du Insekten aufbewahren kannst, die du später wieder freiläßt.

Nimm dir zum Putzen der Steine eine alte Zahnbürste mit und einen Trichter, um deine Flasche leichter zu füllen.

Schreibe deine Beobachtungen auf. Vergiß nicht, Taschenlampe, Lupe und Fernglas einzupacken!

Hymnus des Wals

Auf einem Meer in einem kleinen Boot,
bedeckt mit einer Regenhaut,
lag ich, als Dämmrung kalt sich hob,
und hörte einen Wal.

Sein Lied so ernst, so ruhig anzuhörn,
Furcht schien absurd –
ich hatte das Gefühl, er sang
den Lieblingshymnus Gottes

und sprach direkt zu ihm.

Die Welt entdecken

In dieser Reihe sind bisher erschienen: